AF284034

Gedichte
aus den Jahren 2020/2021...

„Nie haben die Massen nach Wahrheit gedürstet.

Von den Tatsachen, die ihnen missfallen, wenden sie sich ab und ziehen es vor, den Irrtum zu vergöttern, wenn er sie zu verführen vermag.

Wer sie zu täuschen versteht, wird leicht ihr Herr, wer sie aufzuklären sucht, stets ihr Opfer."

Gustave Le Bon

Luise Grande

Als der Mond
vom Himmel fiel

Gedichte

Bibliografische Information der Deutschen Nationalbibliothek
Die deutsche Nationalbibliothek verzeichnet
Diese Publikation in der deutschen Nationalbibliografie
Detaillierte bibliografische Daten sind im Internet
unter http://www.dnb.de abrufbar

© 2021 Luise Grande
Als der Mond vom Himmel fiel
Covergestaltung: Luise Grande
Herstellung und Verlag BoD
BoD-Books on Demand Norderstedt
5,99 Euro (D)

ISBN 9783754310595

Gedichte aus den Jahren 2020/2021...

Die Welt ist voller Gegensätze und wie viele Menschen befinde auch ich mich derzeit in einem Gemütszustand, der es nicht leicht macht, mit der Schwere dieser Tage, der Repression, Scheinheiligkeit und vielem mehr umzugehen. Den vielen Widersprüchen entgegen zu steuern, ist verdammt schwierig und jeder Tag ist eine neue Herausforderung.

Nichts ist mehr so, wie wir es kannten...

Die Gedichte dieses Buches, manche boshaft, andere ironisch, sarkastisch und einige traurig oder wütend, aber viele mit der Hoffnung, dass alles gut werden wird!

Herzlich Luise Grande

INHALTSVERZEICHNIS

Lieben und hassen

Man kann sie lieben,
kann sie hassen,
kann sie auch einfach links liegen lassen,
an ihnen rechts vorüber gehen,
oder lässt sie achtlos einfach stehen.
Macht ihnen vielleicht den Garaus,
wer weiß?
Doch den Gedichten macht es gar nichts aus.
Lässt sie nicht brennen heiß.
Auch nicht kühl fließen wie ein Bach,
hält sie nicht unter Kontrolle, nicht in Schach.
Lasst sie in Versen reden
eines alten und neuen Leben!

Als der Mond vom Himmel fiel

Als der Mond vom Himmel fiel –
samt seinen Sternen –
sah man auf Erden
nur noch blind flackernde Laternen.
Um den Globus wurd' es dunkel und still.
Man hatte irgendwie das flaue Gefühl,
der Mond hätt' sich in den Ästen verhangen.
Vor Verwunderung all' die Blätter sprangen,
wie zufällig von Zweigen geweht.
Wie gefangen das Universum steht,
als sich der Erdball plötzlich nicht mehr dreht.
Der Erdschatten dunkel auf Wege fällt
während der Mond nicht mehr die Welt erhellt.
Schwarz nun jede Nacht,
kein Stern mehr blinkt.
Die Wellen des Meeres schlagen hart im Wind.
Wie vom Donner gerührt, erstarrt
die Welt im Herzinfarkt.
Und der Mond zittert frierend im Geäst.
Die Zweige fürchten sich vor dem Rest
der *„schwarzen"*, nie endenden *Pest*,
die rauschend wütet voll Zorn
im weltweiten *Räubernest*;
Sie breitet sich immer weiter aus,
wie die Welt doch ähnelt einem *Narrenhaus*.
So weit und breit –
steht stille seitdem unsere Lebenszeit.
Die Halunken indes
begießen ihr prunkvolles Fest.
Doch werden die Menschen
je wieder Lichter sehen?
Wann wird sich die Erde
endlich weiter drehen?

Freiheit

Steh auf, geh los,
lass dich bloß
nicht nach unten ziehen.
Behalt deinen Mut,
die Welt wird dich nicht unterkriegen
und weiter belügen.

Bleib stark,
geh hinaus in den blühenden Park
spazieren, flanieren.
Jetzt ist Frühling,
kein Virus wird dich jemals besiegen,
kein Bazillus, kein Seuchenüberträger, *nichts*.
Keine blutenden, geschwürigen Wunden
bleiben offen liegen
und eilen der Zukunft voraus.

Bleib nicht zu Haus,
geh in die Freiheit, hinaus.
Glaub mir, alles Lieben
ist stärker,
jeder Zusammenhalt schweißt zusammen
und alle Intrigen
der Mächtigen werden im Morast
ihres eigenen Hasses
und ihrer Gier versiegen.

Steh auf, geh los,
lass dich bloß
nicht nach unten ziehen.
Behalt deinen Mut,
die Welt wird dich nicht unterkriegen
und weiter belügen

Verrückte Welt

Grauer Regen,
seine Tropfen, düster.
Der Himmel finster
voller Drohnen.
Die schwirren von oben,
Felder und Wiesen – sie umfliegen;
Ein Ausprobieren,
mit Waffen bestückt.
Die Welt ist verrückt,
nur Narren,
kein Lieben, nur hassen.
Ausspionierte Menschenmassen,
Kapitalismus, du schmerzt,
du tust so weh!
Die Regierenden,
Mächtigen – die Teufel befehl'n!
Bestimmen über unsere Köpfe,
sind selbst Marionetten
des Systems –
ja grässliche Tröpfe.
Einfach krank,
was weltweit passiert.
Die Völker werden herum kommandiert.
Masken, ja Fratzen
zwingen uns alle nieder.
Versperren die Ausgänge,
wieder und wieder.
Gehetzte Hunde auf Demonstranten
und Freiheit und Frieden sich abwandten.
Aber Gott mit seinem Heer voller Krieger
steht vor den Toren der Stadt.
Jagt die Teufel davon,
Vive la revolution!

Unser neues Lied

Kaum geboren,
scheint schon gestorben,
der Widerstand?
Wenn ihr euch nicht irrt!
Zu stark für eine Welt, ein Land,
des Volkes Meinung scheint irrelevant.
Die scheint verfehlt und verirrt!
Überall nur Querulanten, Querdenker,
Verschwörungstheoretiker?
Ja und Spekulanten
sind out,
ich lach mich tot!
Was für ein Staat,
der sein eigenes Grundgesetz verlacht.
Unmengen von Videos gelöscht und gesperrt.
Aber: Das Volk sich wehrt!
Ihr kriegt es nicht klein,
es ist jetzt soweit.
Alle schrein
heraus ihre Wut
bis in die dunkelste schwarze Nacht.
Tränen der Revolution?
Wurden viel zu oft schon geweint.
Doch haben wir nicht resigniert –
Nein,
wir sind stark und impulsiv
und unser *Wir* ist unser *neues Lied.*
Wir *ALLE* sind hier vereint.
In dieser Stadt, diesem Land
und der Welt unter diesem Himmel,
der bald nicht mehr weint.

Wohin führt der Weg

Wer erklärt den Virus,
wer bestimmt die Theorie,
wann schlägt der Wahnsinn
um in Euphorie?
Wer steht zu seinem Wort,
was ward gestern noch gesagt.
Wer prägt die Zukunft,
ohne jeden Verrat?
Was wird Menschen angetan,
Verantwortung fühlt niemand
hier für seine Tat.
Warum sind wir hier,
wohin führt der Weg?
Wer bringt das Licht,
wenn niemand versteht?

Auf verlorenem Posten

Auf verlorenem Posten,
die Welt ist ungerecht,
stehen wir und hoffen,
das weiche die Pest.
Was passiert,
wer filtert den Rest
der Wahrheit
in die Waagschale,
die graviert ist mit Worten,
Losungen,
streitbaren Momenten.
Macht frei den Weg
in die Unendlichkeit aller Tage,
vielleicht das einzige, was noch zählt?
Vielleicht – keine Frage.

Kollateral

Verbietet Alkohol und Zigaretten,
Drogen, aber auch Marionetten!
Verbietet Keime, Viren,
ja, Whisky und Wein,
verbietet das Leben,
jede Meinung und Pein.
Alles bringt uns dem Tode näher,
pfeift doch auf Steuergelder,
ganz egal –
ihr Verräter!
Das Volk ist dumm.
Kollateral –
ist eh der Schaden.
Doch ihr dünkt euch *weise*.
Aber wer glaubt noch daran,
niemand, keine Jungen, keine Greise.
Nicht mal ihr selbst.
Es scheint, man will die Uhren
rückwärts drehen
und mit neuem Start die Welt bescheren.
Die Wahrheit beim Namen zu nennen
fällt äußerst schwer –
bei einseitig geschalteten Antennen
und einem ausufernden Verräterheer.
Aus Zeiten vor ‚Neunundachtzig‘,
so war es schon damals gedacht,
die Diktatur zu beenden.
Doch zu kurz das Aufflackern in jener Nacht.
Damals, wie heute – Nichts wurde richtig gemacht!
Immer weiter getrieben das verlogene Spiel
durchtriebener Gestalten, die hatten nur ein Ziel –
Die Menschheit zu spalten,
im Nichts Hoffnungen und Zukunftsträume *verhallten*.

Dünnes Eis

Sonnenschein über der Stadt
mit ihren *schwarzen* Schergen.
Und *noch* scheint eine Wand
hinter geheimnisvollen Wolken zu verbergen,
was ein Bhakdi
[1] und Wordarg[2] längst wissen.
Sie hatten gewarnt, doch sollten sich „*verpissen*".
Ist diese Ausdruckweise wenig charmant,
so hat Gott doch alles Leben in der Hand –
Am Ende wird die Wolkendecke zerrissen
und die *reine* Wahrheit küssen.
Und wir Verfluchten und Verdammten,
wir „*verschwornen*" Demonstranten
werden endlich unsren Frieden kriegen.
Freiheit wird über diese Welt aufziehen.
Besiegt sind dann die Heuchler und bösen Buben,
die völlig umsonst die Menschheit betrugen.
Mit dem Heiligsprechen von PCR-Tests begruben
sie die Moral der Wissenschaft,
die die Welt eines Besseren belehren will.
Aber seitdem steht die Wahrheit still.
Derweil wurd' wohl ein Kerry Mullis[3] vergessen.
Er, (der Erfinder dieser) hatte damals unterdessen,
auf ihre Unwirksamkeit hingewiesen –
Aber so genannte Eliten
PCR-Tests als Nonplusultra priesen.
Mullis Thesen wurden abgewiesen,
Längst hatte er dafür den Beweis –
Letztlich siegt die Wahrheit und wer weiß –
langsam, langsam schmilzt die Lüge leis
unter doch *sehr* dünnem Eis.

Ein Traum

Ein Traum von einem Zelt,
von einer Welt,
ein Traum von einer Insel,
von schönem weißen Strand.
Ein Traum von blauem See,
in einem *fremden fernen* Land.
Ein Traum von *freien* Vögeln,
die fliegen übers Meer.
Ein Traum von paradiesischen Horizonten
und der Sonne, die lag schwer,
blutrot am weiten Himmelstor,
als ich vor langen, langen Zeiten
mein pochendes Herz verlor.
Sehnsüchtig lassen noch von weitem
bunte Vögel ihre Flügel ausbreiten
und sich hinab gleiten,
nah meinen Augen,
Ohren, meinem Munde.
Wann schlägt die Uhr
zur *wahren*, vollen Stunde?

Eiszeit

Und dann –
Ist es vorbei.
Wer gibt uns was zu essen?
Ist es vermessen,
wenn man hungrig ist?
Wer reinigt die Welt
von gierigen Interessen,
wen wundert's noch,
wenn alles fällt,
hinab
in dunkle Gräben,
graue Städte,
Wüsten, öd.
Wer rettet den Planeten,
wenn Angst die Wahrheit prellt?
Warten auf den Propheten,
der rettet die Welt
vor dem Teufel.
Der sie absperrt,
mit Kilometern, Meilen.
Wer lässt uns hasten, eilen,
drängend rückwärts preschen,
die Leiber pressen
in ein schwarzes Zelt?
Wenn diese Welt
ins Chaos fällt,
wen stört's?
Wenn sie erfriert,
wenn Eiszeit diese Welt dominiert?

Unbekanntes Wesen

Kürzlich erst, besucht von einem Wesen,
stachlig, bunt, grün, blau, rot und unbekannt –
das das Leben veränderte, unsere Thesen.
Einfach alles fuhr gegen die Wand.
Seitdem sind die Sinne verschlossen,
weil dieses Wesen sperrt alles Hoffen.
Jeder Wagemut wird bestraft,
man hält unbedarft
an allem fest.
Wer feiert hier sein Fest?
Spekulanten, Großkonzerne, Industrien,
Gesundheitsdynastien,
die die Welt verschaukeln wie noch nie.
Kalt und grau starren die Wände,
haben keine Einwände
gegen nichts.
Umarmungen tabu,
Besuch der Alten, sowieso.
Und *DU*?
Was tust du dazu?
Was dagegen?
Wann tritt Normalität
in unser Leben?
Oder ist es bereits zu spät?

Kriegstanz

Schockstarre,
Ignoranz
Verharre,
tanz mit uns den Kriegstanz!
Wo sind die Friedenstauben,
die mich einst ließen glauben
an Gerechtigkeit?
Fühle,
spüre
nur Schlechtigkeit.
Arroganz
von Wortgespiel.
Und das Ziel:
Niemals zu weinen!
Aber zum einen
zerren Schrauben,
gedreht in Gitter,
angestoßen von Regen,
Gewitter.
Doch sie werden *zittern*
um ihr Leben!

Spuren im Sand

Die Zeit rast immens,
damals wie heut.
Was war gestern,
die Bedeutung der Vergangenheit,
nur vage Existenz –
Urplötzlich entspann ein Gespenst,
ein Spektakel von Desillusionen.
Und Frustrationen
verschaffen sich Raum.
Zu übersehen? Kaum!
Und dann?
Was nützt jedes Wissen,
wenn die Schmach der Menschen aufgerissen;
Verletzt, verängstigt sie sich vermissen.
Oh, verdammt!
Den Kampf überwütig schon verloren,
im Netz fehlender Illusionen,
schleifen Spuren im Sand.
Alle Versuche – verbannt,
und heiße Flammen in die Herzen gebrannt;
gepierct ins Fleisch der Ungerechtigkeit,
in dieser ach so scheinheiligen Zeit.

Nachtigallen

Vogelgezwitscher, lauter denn je,
vereint sich im Gesang
der blühenden Frühlingsbäume.
Sie stimmen ein das Konzert
über hohen Bergen.
Sie tönen und schallen
die Nachtigallen
in die Baumkronen hinoben.
Da singen sie und toben,
ziehen weiter im Flug
ihre Bahnen.
Wie klug,
manch eine konnt's
vielleicht erahnen!
Warfen ihre Schatten
über Wiesen und Mauern,
all' ihre Flüge überdauern
eine Heimat,
die schöner ist
und keine Freiheit frisst.

Dschungel der Stadt

Von Ferne hört man die Trommeln
des Dschungels der Stadt.
Sie trommeln noch leise,
weit, fernab
hinter grauen Fassaden
und schallendem Beton.
Bisher nur Phrasen, Phrasen,
rostendes Medaillon.
Stofffetzen wehen vor dem Gesicht,
von Bändern und Gummis gehalten.
Trotz allem helfen sie nicht,
der Pest auszuweichen.
Sie reißen
im wütenden Sturm.
Langsam entpuppt sich die Maskerade,
bislang zu erkennen nur vage;
Doch nicht jedem
enthüllt sich die wahre
Dimension.

Schachmatt

Immer auf der anderen Seite
und schwimmen gegen den Strom,
beiseite schieb ich
jeden Argwohn.
In der Menge,
da steht er, der Clown.
Beifall – sein Lohn?
Auseinander getrieben,
getreten das *Pack*.
Die Wut heraus geschrieen
und die Angst und Ohnmacht.
Ja, was hat alles bisher gebracht?
Nur Ärgernis und Missverstehen,
weil die Wahrheit –
Niemand will sie sehen!
Immer weiter getrieben vom Cut.
Einigkeit? Nein –
Nur Schachmatt.
Das Spiel ist verloren,
die Menge galoppiert
und manövriert
zwischen Drohnen
und Hindernissen;
Die Freiheit gefriert,
wird einem nicht geschenkt.
Von dubiosen Medienbaronen
Immer wieder in Uneinigkeiten gelenkt.
Schikane und Spaltung beherrschen
das ganze Land.
Lobbyisten und Politiker sind *verwandt*
mit den Säbeln des Hasses;
Sie schärfen die Waffen von Lüge und Spaltung.
Derweil besitzen sie keinerlei ehrenhafte Haltung.

Schwarze Bilder

Schwarze Rose,
schwarze Streifen,
schwarze Blätter streifen,
und graue Nebel schweifen
hin zu dunklen Horizonten.
Menschen schweigen,
nah den Fronten –
Hinweg sie treiben
von Schwertern, scharfen, feigen.
Wissen nicht,
was sie da tun.
Frühling scheint's,
und nun?
Sie gehen ins Haus,
mit schwarzen Bildern,
Telefonen,
Nummern, Schildern,
Mikrofonen.
Zwanzig Uhr –
Jeden Tag aufs Neue,
immer wieder dieselbe Prozedur.

Tiefe Spuren

Geruchssinn und Sprache verloren,
überhaupt jeden Geschmack.
Augen schauen von oben
über Verbote eines jeden Kontakts.
Den löchrigen *Sack*
über die Ohren gezogen,
wundern wir uns,
wenn wir versinken
in tiefen Spuren im Sand.
Und wenn uns ums Verrecken
vielleicht nur ein einziges Spiel gelang;
Doch *Ehrenkleider* versperren
jeden Weg, jeden Zu- und Ausgang
und so *beschützen* sie das ganze Land
vor dem ausufernden Widerstand.

Heuschrecken

Mir nah,
und auch so fern.
Die Erde wandert wie ein Stern,
entfernt von fremden Planeten.
Wir leben hier in Städten
hinter grauen hässlichen Fassaden,
ja, wähnen uns als Propheten.
Was ist, was soll sein, was wird?
Mit Heiligenschein,
die *Mutter aller Länder* irrt
umher im leibeigenen Land.
Verödet das Leben,
so scheint der Stand.
Versenkt jeden noch so guten Willen,
dann ist Stille.
Noch ist Frühling,
werden im Sommer die Grillen
zirpen oder sind sie dann leise,
gar verstummt?
Bis dahin ist's nicht mehr lang.
Ja und dann?
Wie lang –
werden die Bienen summen,
wenn die Heuschrecken kummen?

Anderswelt

Düstere Wolken,
schwarz, alles finster.
Regen prasselt,
noch wachsen Getreide, Blätter, Ginster.
Von fern erklingen raue Melodien,
doch überhaupt nicht schön anzuhören,
weil die Klänge zerstören
jeden guten Geschmack.
Gegeneinander aufgebracht –
sind Gitarren, Geige und Gesänge.
Alle – uneins, überall Zwänge.
Jeden Tag sieht man den *bösen Mann,*
der sturmabwärts lenkt den Kahn.
Hart rasend wird er an die Wand gekarrt.
Entgeistert schauen Tiere, selbst ein Schwan,
ihm „schwant" nicht gutes.
Viel Schlechtes kann ihm nicht passieren,
weil ein *Spahn[4]* wird ihn niemals *dressieren.*
Uns jedoch hält man zum Narren!
Ein Ächzen und Knarren
der hölzernen Marionetten;
Glieder, Ketten,
spülen, schmieren.
Öle fetten
Maschinen, die bald ausdienen.
Werden nicht mehr gebraucht.
Irgendwann zeigt sich vielleicht der Hauch
der Anderswelt.
Diesem Glauben zu schenken –
Vielleicht…oder auch
nicht. Theorien und Spekulationen
von Millionen versenken
Bargeld, gewandelt in digitale Versionen.

Kleine Hand

Ein kleiner Mensch entdeckt die Welt.
Wie süß, diese kleine Hand!
Die erweckt mein Leben.
Sie hat die Macht
ein ganzes Land
zum Leuchten zu bringen;
Wenn alle Städte ihre Lieder singen
mit bunter Farbe und Licht,
von Wärme und Liebe
und einem Getriebe
voller Hoffnung und Leben.
Mit Zuversicht lasst uns ein solches weben.

Vielleicht

Da steht sie nun,
die Hollywoodschaukel,
schwarz maskiert,
schwarz gefärbt sie demonstriert,
was widersinnig ist.
Versteckt ihr Gesicht,
keine Sonne scheint,
doch es regnet auch nicht.
Verdeckt ihre Falten
vor dem Wind,
von fern greint ein trauriges Kind.
Steht alleine da, so verlassen
und das dunkle Schwarz will nicht verblassen.
Eigentlich wär' der Garten grün,
aber immer mehr dunkle Wolken aufziehn.
Die blasen zum Sturm,
vielleicht ziehen sie von dannen,
vielleicht umarmt sie der Wind,
wenn sie nicht mehr einsam sind,
dafür stark.
Vielleicht –
handeln dann *ALLE*
autark.

Menschen

Ich rede in Worten, in Bildern, in Blüten,
doch all' dies kommt nicht an.
Warum versteht niemand mein *Wüten*?
Zu guter Letzt dann –
Wird man verglichen mit Grüppchen,
in Schubladen gepresst –
Diese in linke, mitte, rechts.
Draußen spielen Kinder mit Püppchen,
denen das Leben *noch* nichts anhaben kann,
sind fröhlich und glücklich,
doch in der Realität fährt das Land
an die Wand.
Jetzt reicht's!
So schließt sich der Kreis,
wir alle sind *Menschen,*
ganz egal welcher Couleur!
Wo bleibt *nur ein* Funken Verständnis,
ist das denn alles so schwer?
Wieso werden andere Meinungen nicht akzeptiert,
als von Mainstreammedien propagiert?
Diese *eine Frage* hab' ich so oft gestellt.
Und sie immer und immer wieder abprellt.
Wir – sind nicht gesplittert, nein!
Doch ignoriert,
verhöhnt und verächtlich gemacht.
Eines Tages – vielleicht revidiert ihr,
forscht nach und überprüft?
Vermutlich aber auch nie,
wenn Regierende twittern.
Eines Tages werden sie zittern
vor der schwarzen Nacht,
nämlich dann, wenn am Morgen
die Freiheit aufwacht!

Lacht mich an

Lacht mich doch aus —
Nein, lacht mich lieber an.
Die Zähne zu bedecken mit einem Lächeln,
ist verboten, neuerdings ein Verbrechen.
Was für eine verkehrte Welt,
in der wir leben.
Wer ist ein Held?
Nicht nur mit Namen,
nein ein wirklicher,
der sich zu leben getraut.
Leben mit seinem Wissen aufbaut.
Und diese Welt wird ein Paradies,
das niemals das Menschsein verließ.
Lacht mich an.
Lacht mich nicht aus.
Lasst uns frei sein, nicht nur zu Haus
mit Herz und Charme,
reich an Gefühlen und nicht arm.

Ohne Einzelhaft

Katzen lieben ihre Freiheit –
Der Mensch nimmt alles hin,
wo bleibt sein Freiheitssinn?
Egal, Hauptsache, er kann sich anlehn',
der Mensch ist einfach bequem.
Bleichfade ziehen Nebelschwaden dahin.
Wofür stehen?
Es fühlt sich schwer an,
wenn so viele zweifeln an der Wahrheit.
Daran, dass sich Mut auszahlt,
auch Kraft.
Die Demokratie mit einem Lied zu besingen,
die Feinde der Freiheit zur Wahrheit zwingen.
Das Leben zu lieben –
ohne Einzelhaft.
Ohne Kerker und Maulkorb,
einfach nur reden, reden.
Doch lässt man sich viele Chancen entgehen,
und erkennt vielleicht zu spät,
wenn Frieden und Vernunft –
Alles, alles geht.
Katzen lieben ihre Freiheit –
Der Mensch nimmt alles hin,
er gibt sich auf
und seine Liebe zum Freiheitssinn.

Coronabier

Corona, du, oh Glorienschein,
stoß auf dich an, heute trinke ich Wein!

Morgen versuch ich's mal mit Coronabier,
das macht deinem Namen, alle Ehre hier!

Seit Wochen feiern wir einen Maskenball,
und lassen fröhlich die Korken knallen.

Und wenn das alles ist noch nicht genug,
dann steigen wir ein in den Coronazug.

Masken an
und abgefahren!

Abflug,
wir alle wollen lachen, uns laben!

Nicht maskenfrei, keine Frage,
denn wir alle wollen doch keine Blamage.

Ergötzen uns am Waschzwang, juchhu,
Corona, bist nicht längst verschwunden du?

Hinter all den Wolken fast nicht mehr zu sehn,
doch manch ein Virologe kann nicht zählen bis zehn.

Ja, was solls,
die Politik hat nun mal ihren Stolz.

Den wollen wir ihr nicht nehmen,
soll stolz ihr Fähnlein nach dem Winde drehen.

Letzte Rettung

Fühl mich wie hinter Gittern –
eingesperrt.
Die Musik zerreißt mich,
falle auseinander, zersplittert.
Das ist das Ende.
Alles hämmert hier
in meinem Zimmer, bei mir.
Oh, musisches Abschiedskonzert,
verletztes Herz!
Wie tut der Abschied weh,
ein Lied, das letzte Mal gespielt.
Kann es auch mal laut sein?
Vielleicht ja, ja es kann!
Immer nur flüstern,
das war gestern – heut' nicht mehr.
Hört die Gitarren
und das Trommeln des Schlagzeugs.
Gepresst zwischen den Lippen
die Mundharmonika –
Die Musiker geben alles –
Spielen wie in Trance.
Ja, das ist das Ende vom Ende,
fass mir mein Herz, das ganz.
Hinter Gittern,
der Boden dröhnt,
ein Beben, ein Zittern.
Die Fans in Rage,
wie in Ekstase,
das Publikum schreit –
Yeah, yeah!
Draußen scheint die Sonne,
brennt unbarmherzig heiß,
drinnen die Wände fühlen sich an

kalt wie Eis.
Gefrorene Zapfen,
wer weiß,
vielleicht schmelzen sie,
wird es so sein?
Nein, nur schmerzender Mund,
kein Hund
fühlt sich so schlecht wie ich.
Bitter würgt der Schlund
den Ekel,
seilt sich bergab in den Abgrund.
Egal, welch' verschwornem Treiben
rennt man hinterher?
Ein Jaulen der Gitarre,
hör doch, wie sie schreit vor Wut!
Sirenen heulen,
entdeckten der Flammen Glut.
Wer löscht das Feuer
von tausend Grad?
Die Funken fliegen ins Lavabad,
der Feuerkreis schließt sich heiß, heiß.
Sag, was ist der Preis
der Freiheit?
Draußen in der glühenden Steppe,
verbrenn' ich mich an Füßen
in Lavaflüssen.
Kann ich mich retten, uns retten?
Die schwelende, verpestete Luft,
nimmt uns den Atem,
bringt uns näher fesselnden Ketten.
Laufen wie auf Kohlen,
glühend, glimmend rot.
Dort hinten wartet er schon –
der Tod.

Greift nach den Gluten,
will' s uns nicht mehr zumuten.
In Todesangst – schrei!
Lisch es, das Feuer,
das weiter um sich greift!
Ja, die Welt, sie brennt!
Flammen züngeln gierig,
gierig nach allem,
was noch schläft.
Die Erde öffnet sich wie ein Krater,
doch am Ende sieht man ihn stehen,
die letzte Rettung –
Ihn – den heiligen Vater.

Krieg oder Frieden

Schatten an den Wänden,
lassen fast kein Licht erkennen.
Blätter, Zweige, dunkle Farben.
Ach Sehnsucht, Sehnsucht!
Keine Eskapaden
in den Seelen
nur Narben, Narben.
Hände, die nicht fassen können,
Füße um ihr Leben rennen!
Ja, was solls,
mit Ruhm und Stolz
wird hier niemand glänzen.
Berechnete Potenzen,
hoch zwei oder drei,
vielleicht auch vier?
Immer nur Gier, Gier, Gier!
Feuer züngelt, verbrennt Papier
und alle sind einsam,
jeder für sich allein,
schweigen wir und wein',
weinen um Freiheit und Licht,
denn die Schatten
geben die Tyrannen niemals frei.
Niemals freiwillig,
für immer Verzicht,
nie wieder frei!
Nie wieder.
Alle ziehn sie in den Kampf,
die Krieger, Krieger, Krieger.
Der Sieg,
ja, wer wird siegen –
sag' Krieg oder Frieden!?

Maskenball

Ja Maskenball, so ohnegleichen,
sieh', wie ihre Träger um die Ecken schleichen.
Selbst auf den Straßen, der Natur,
seh ich sie laufen in verschleierter Montur.
Die Masken umgeschnallt,
laufen sie verkleidet durch den Wald.
Was hat man nur getan,
nicht enden will der Maskenwahn!
Erst war man der Meinung,
dass das Tragen nichts bringt.
Doch jetzt man sie jedem über zwingt!
Die Masken, die es gibt zu Hauf zum Verkauf,
obwohl man weiß von ihrem unnützen Verlauf.
Nämlich – dass sie nicht schützen
vor Bakterien und Viren,
doch Menschen voller Demut knien.
Voll Andacht glauben sie *ALLES*,
was man ihnen *befiehlt*.
Sie spüren dabei nicht,
dass man ihnen die Freiheit stiehlt.
Ich verstehe die vielen Menschen nicht,
die vorbehaltlos nachkommen dieser *Pflicht*.
Der Wahnsinn greift um sich immer weiter.
Die Frage: „Warum nur glauben sie alles,
informieren sich nicht weiter!"
Gibt es noch Hoffnung?
Ja, denn viele Tausend und mehr,
weigern sich gleich einem riesigen Heer –
Wie Sklaven Masken anzulegen,
denn Gründe dafür gibt 's keine, ja eben!

Tausend Sternstunden

So viel Unrecht geschehen,
so viel Unrecht gesehen,
trotz allem sammelt Licht die sonnigen Strahlen.
Die Antwort auf Unrecht ist Buße zu zahlen.
Nichts ist umsonst,
auch die Freiheit ist nicht einfach frei.
Kann man verzeihen,
Unrecht entschuldigen?
Kann man prophezeien
die Zukunft, das Leben?
Ja, und kann man tausend Sternstunden zählen?
Vielleicht, auch unüberwindbare Berge besteigen
und Wut und Hass aus den Herzen befreien.
Ach, woll'n wir uns nicht vereinen?
Wir sollten es tun,
bevor sie uns in der Wüste steinigen.
So viel Unrecht geschehen,
so viel Unrecht gesehen,
trotz allem sammelt Sonne die Strahlen des Lichts,
die Antwort ist – Liebe, sonst nichts.

Blutiges Gold

Für Menschen keine Nähe,
nur Abstand und Ferne wird diktiert.
Kein Gefühl, keine Wärme –
Allein nur Kälte regiert.
Vermummt die Gesichter,
kein Liebeshauch dringt
ins Helle, keine Lichter,
nur Finsternis zwingt
uns zu unschweren Taten,
zu schwelendem Tun.
Die Häuser sind dunkel und ruh'n.
Sie stehen fast schwarz;
und stumm sind die Mauern
und von Dornen umrankt.
Von aufgezwungenem Stillstand,
der war vom Volk nicht gewollt.
Mächtige Zungen verstreuen *blutiges* Gold
über Grüfte und Gräben,
ja jene, die verachten das Leben.
In der schwärzesten Nacht
hört man in der Ferne den Teufel
mit höhnischem Gelächter,
wie er schaurig spukt und lacht!

Die Mafia regiert die Welt

Was soll man von Verbrechern halten?
Kein Pseudogericht klagt die Gestalten weg.
Was soll man von Verbrechern halten?
Niemand fegt sie hinweg.
Was will man erwarten,
wenn Gewaltenteilung nicht mehr funktioniert.
Was will man erwarten,
wenn nur noch die Mafia die Welt regiert.
Ein Konsortium von Verbrechereliten
hat sich an Regierungsspitzen manövriert.
Unser Blut saugen diese Parasiten.
Gierig trinken sie davon, völlig ungeniert.
Niemand hindert sie an dieser Schandtat,
keiner schämt sich des Verrats an den Staat.
Und das Ende vom Lied – rein gar nichts passiert,
nichts, solange die Masse folgt
und ohne jeglichem Stolz
die Obrigkeit hofiert.

Lasst uns übers Wetter reden

Ach kommt,
lasst uns nur noch
übers Wetter reden.
Gestern gab's Regen,
heut' vielleicht die Sonne scheint.

Die Hitze des Sommers
ging plötzlich vorüber,
eigentlich von einen
auf den anderen Tag.

Der Regen drückt die Stimmung
der Herzen nieder.
Das, was noch bleibt –
Lass uns in Erinnerung
singen die Sommerlieder.

Heute erreichen wir
circa zwanzig Grad.
Langsam wird 's Herbst
und der Winter bald naht.

Es frieren die Straßen, Wälder und Wiesen,
ja, dann wird's für *ALLE hart*!
Schlagen hoch die Mantelkragen,
und an Tagen wie diesen
werden wir zukünftig
nur noch den Wetterfrosch befragen.

Die Welt steht Kopf

Die Welt steht Kopf,
Auf Videos ist weit und breit
kein Nazi[5] zu sehen.
Was zählt ist, wenn sich Menschen verstehen.
Muss blind sein, ja, vielleicht?

Bunte Fahnen in allen Farben wehen.
Die Medien lügen „*netter*".
Denn ja, auch die Presse
spricht eher vom „*Wetter*",
weil sie lieber die Wahrheit verschweigt.

Ihr Menschen seid bereit,
heute Abend wieder
auf den Sofas zu liegen,
zur „*Aktuellen Kamera*[6] – *Zeit*".
Ein Wowereit[7] hätt gesagt:
„An mir solls nicht liegen.
Ich bin schwul und das ist gut so."

Ein Müller[8] hingegen meint:
„...da kommen sie aus Stuttgart
und dem ganzen Bundesgebiet angereist,
um in unserer Stadt *zu randalieren*..."
Welch infame Lügen!

Die Welt steht Kopf.
Und wie so oft,
stinkt der Fisch vom Kopf.
Ja, die Welt steht Kopf -
Ironie off.

Modenarren

Man muss ja nicht mit jeder Mode gehen,
auch nicht mit jedem letzten Schrei.
Von Bevormundung umgeben,
und trotzdem – fühlt sich mancher „*frei*".
Jedes Präsentieren auf Modestegen –
lehne ich ab. Auf Modeschauen
sieht man Männer mit Socken in Sandalen,
auch mit Schlipsen überm Unterhemd.
Mit nacktem Bauch auch Frauen wagen,
ihr Hüftgold zu zeigen vor aller Augen Welt.
Mutig ja, doch neuerdings
sieht man sie *ALLE* – Keinerlei Gegenfragen –
mit *grässlichen* Fetzen im Gesicht.
Die *neuerliche Mode*, wird getragen
unterm Kinn, ja auch am Ärmelhemd.
Mir persönlich scheint das alles fremd.
Unsinnig noch dazu oder nicht?
Manch einem baumeln sie nun am Ohr,
ein anderer trägt sie *chic* am Handgelenk.
„*Entzückend*" dieses *Modeaccessoire*
wippend an Autospiegeln hängt.
Für mich kommt das Tragen nicht in Frage.
Zu keiner Zeit! Nie! So bleib ich alle Tage
bei alt bewährten Strukturen und Dingen.
Bitte, verzeiht mir, mein Ungeschick!
Für diese Mode, nein – hab ich kein Geschick.
Lass sie mir nicht aufzwingen.
Niemals und für *kein* Glück
dieser *glitzernden* und *erlauchten* Modewelt.
Und jeder – dieser Modenarren – soll *bitteschön*
selbst entscheiden und *seines Glückes* walten.
Ich für meinen Teil –
werd' mich *nie* an *eine Moderegel* halten!

Alles wird gut

Alles wird gut,
meine Gänsehaut „friert".
Heilende Veränderung spürt,
jeder Schmerz wird von mir getrennt.
Jede Hoffnung brennt
mir die Liebe unter die Haut.
Ich vertrau –
auf Gerechtigkeit und Wahrheit.
Sie brauen wie reine Wasser.
Und immerzu stürmen die Winde,
in jedem Kinde,
jedem Jungen und Mädchen,
die hier leben in Städtchen,
Dörfern und Auen.
Selbst bin ich eine alte Frau,
langsam wird mein Haar grau.
Jede Sekunde, Minute spür ich genau,
wenn ich auf Gott vertrau!
Dem dritten Auge, der Phantasie.
Wenn in lauen Sommerwinden
die Strahlen der Sonne sich drehen.
Dann beginnen
wir mit der Suche nach Wahrheit.
Sie wird für immer *gewinnen*!
Trügerische, falsche Richter
werden in Abgründe schwinden.
Währenddessen leuchtet diese eine Vision
aus dem tiefsten Dunkel herein.
Funkelnd, wie ein Diamant strahlt sie lupenrein
im goldenen Sonnenschein.

Wo sind sie Alle?

Wo sind sie Alle?
Wo sind all' die Ärzte hin,
die es besser wissen müssten?
Wo die Politiker,
die nur handeln nach ihren Prämissen.
Und wo sind die Medien,
die ihr Fähnlein nach dem Winde hissen?
Wo sind all' die Menschen hin,
die sich gestern noch küssten?
Wo ist Gott in diesen Zeiten,
so lange wir ihn vermissen.
Und wo, sag mir,
wo sind die Millionen von Toten,
in ihren Särgen, ihren Kisten?

Kein Regen

Das war kein Regen –
eher eine Krankheit oder so;
Ein Virus, ein Bakterium
so etwas in der Art oder Richtung.
Worte dafür findet keine Dichtung;
Hinter Wolken lauerte er irgendwo,
ähnlich einer Mutation.
Eine Alpha-Variante vielleicht
oder eine Delta-Variation?
Schmückt sich immer imaginär,
bindet mir einer auf diesen Bären.
Ich spür' trotz allem,
er verhält sich reaktionär.
Ola, wie steht's jetzt mit dem Regen,
wann verdammt, würd' er endlich genesen?
Es wär' an der Zeit,
dass das Virus oder Bakterium –
je nachdem, sich verdrückt bis in alle Ewigkeit.

Lass die Welt Welt sein

Lass die Welt Welt sein,
zumindest für den Moment.
Wenn die Sonne mir auf die Haut brennt,
jetzt, wo sie gerade vom Himmel scheint.
Lass die Welt Welt sein,
sie zu verändern, zu retten –
Wer meint, dass er dies kann?
Es scheint vermessen.
Viel zu klein für sie –
jeder von uns nur ein Wicht.
Schlecht und ungerecht ist diese Welt!
Aber, ich lass sie einfach, wie sie ist.
Auch wenn sie mir nicht gefällt.
Zumindest für den Moment,
wenn mir die Sonne auf die Haut brennt.
Genieße ihre Strahlen,
will mich aalen
und träumen
von wolkenlosen Sommerphantasien
und blauen Meeresschäumen
in warmen Lüften vergangener Nostalgien.
Das Feuer der Gerechtigkeit verkennt
seine schwelende Glut, sie verbrennt.
Noch glimmende Asche wird gelöscht.
Es bleibt dabei, die Welt
ist ungerecht
und schlecht!
Lass die Welt Welt sein,
zumindest für den Moment.
Wenn die Sonne mir auf die Haut brennt,
jetzt, wo sie gerade vom Himmel scheint.

Veränderte Welt

Die Definition der Pandemie
wurde im Jahr 2009 geändert.
Ach, wie hat die Welt sich seitdem verändert!

Nach vielerlei Epidemien,
muss man gestehen,
gefährlich waren sie vor allem in den Phantasien

der Virologen. Nach Schweinegrippe,
Vogelgrippe, Sars und Mers –
In den Monaten November bis März

gab es weniger Tote zu beklagen
als Grippetote in all' den vorherigen Jahren.
Dieser Faktor ist beileibe kein Scherz.

Doch werden die Zahlen gezogen wie in einer Lotterie.
Manipulierte Menschen hinterfragen nie,
sie sind blind, können nicht sehen.

Aus welchem Topf zieht man die Lottozahlen?
Werden sie überprüft? Nein, letztlich nie.
Warum nur spielen alle mit in der Coronalotterie?

Wer sind die Gewinner, wer die Verlierer?
Ja, sie dramatisieren und lamentieren,
ein Jammertal der Covid19-Viren.

Manch „*Kluge Köpfe*" Pandemietheorien studierten,
vertane Zeit, wenn sie die reale Praxis nicht kapieren.
Sei's drum, manch einem die Gehirnzellen gefrieren
und Doktoren frech Dissertationen manipulieren.

Und die *„bezahlten Virologen"*,
reiben sich weiter die Hände verlogen.
Versteckt hinter Masken sie sich vor Lachen bogen.

Es scheint, Gott schaut der Maskerade zu von oben.
Die Pharmaindustrie lacht sich krumm
und hält die Menschen in Angst und dumm.

Alle wissen, Masken schützen nicht, egal,
Ach, wär' dieses Klagelied ein Alptraum
und flög weit fort ins Weltenall.

Schwarze Lettern

Man hört und liest Nachrichten,
eher Märchen und Geschichten.
Halbwahrheiten und Lügen,
die verführen und betrügen
mit ihren schwarzen Lettern
des durchweichten Papiers.
Die üblen Gerüche der Pest verwesen
auf Litfaßsäulen verwetterter
Werbung voll phrasenhafter Instruktionen.
Man sieht auch solche,
die mit Stinkefingern drohen.
Auf Unterwerfung getrimmte
Personen verrohen
und mit ihnen das verlogene Land.
Langsam schwindend
es in den Abgrund wankt.
Schicksalhafte Illusionen
quälen sich durch dicken Betonboden
einer nahezu undurchlässigen Wand.
Gläserne Käfige in der Skyline blitzen blank,
während sich die Nebelluft krank
und unheimlich davon schleicht.
Vom vielen Regen durchweicht
sind die fauligen Bretter undichter Boote,
die drohen zu versinken.
Mit ihnen die Schwere der Wahrheit,
die scheint zu ertrinken
im stinkenden Morast der Bosheit der Lüge
und der Mond scheint nur noch todmüde
hinter dem Nebelschleier der Nacht.
In einst blühenden Parks
hängen Trauerweiden
schlapp und trübe.

Gen Himmel

Ich will nur noch träumen,
von den Wundern der Natur.
Mit Tag - und Nachtträumen nur.
Die fliegen gen Himmel,
säumen die weite Flur.
Ach lass uns die Wunder lieben
und lass uns fliegen
weit fort über dunkle Zeit.
Lass uns lieben
einen Gott,
der zu uns spricht,
und nie mehr schweigt.

Ufer frei I

Ufer frei,
am Kai
ein Schrei
oder auch zwei.
Vielleicht auch mehr.
Die Polizei,
„mein Freund",
„mein Helfer"
tut sich schwer.
Soviel Gegenwehr.
Die Opfer derweil –
viele sind zu beklagen.
Damals an friedlichen Tagen,
waren die Segel gesetzt
in eine sorgenfreie Zeit.
Polizei,
„mein Freund",
„mein Helfer".
Die Polizei
mit ihrem Übereifer –
Versagt jetzt
ihr einstiges Deeskalationskonzept …

Alles und Nichts

Ich glaube alles, ich glaube nichts.
Ich vertraue jedem,
vielleicht auch keinem.
Die Luft schwillt voller Keimen
und Viren –
Wir werden alles verlieren.
Ich sehe Wüsten vor Trauer weinen
und Flüsse fließen, die vor Wut brennen.
Alte Menschen um ihr Leben rennen.
Und junge sich schonen,
sich und ihr Hirn mit seinen Neuronen.
Menschen werden zu Maschinen,
viel zu lange sie schon dienen,
den Henkern der Schatten.
Das sinkende Schiff verlassen die verlogenen Ratten.
Die schrecken zurück vor nichts.
Ich glaube alles, ich glaube nichts.
Ich vertraue jedem,
vielleicht auch keinem.
Die Luft schwillt voller Keimen
und Viren –
Wir werden uns alle verlieren.

Die Zeit steht still

Überwinde Hindernisse,
große und kleine
und ich vermeide
jeglichen Stress.
Nehm die Fähre,
um ans andere Ufer zu kommen,
spring auf und wenn nicht,
dann schwimme ich den Rest.
Falls bald gar nichts mehr geht,
wenn die Zeit stille steht,
und niemand hält an Land.
Wenn nur noch Abstand zählt,
und das im ganzen Land
und der großen weiten Welt.
Ja, dann weiß ich auch nicht mehr weiter,
wie es künftig gehen soll.
Masken übergestülpt,
das alles ergibt ein Bild
perfider Abstraktion.
Und ist zu guter Letzt,
was den Regierenden noch fehlt;
Ein gleich gemachtes Bataillon;
ein Volk, das spurt,
ohne jeglichen Widerspruch,
dem man gewährt keinen Respekt.
Das sich fügt, sich alles gefallen lässt,
dem man millionenfach verpasst
eine Injektion.
Ein gläserner Mensch,
der nicht mehr *fühlt* das wachsende Gras.
Ja zukünftig werden nur noch
Maschinenmenschen filtrieren,
die als eben solche funktionieren.

Ufer frei II

Macht den Weg
für alle frei –
zum Steg
an den See.
Mit einer Brise Seeluft
in der Nase,
wenn blutrot die
untergehende Sonne scheint –
Dann schwimmen Graugänse herbei.
Leben
schmeckt
nach Freiheit
und mehr.
Holt die Anker ein
und lasst die Boote
fahren!
Für *Alle*
sind die Wege
zum Ufer
ins grenzenlose Leben frei.

Schwerenöter

Schwerenöter,
Liebestöter.
Bist ein Verräter
deiner selbst.
Aufbegehrer,
Sturmtrompeter.
Trommelst –
deine Sehnsucht fällt
auf den Boden des Asphalts.
Und der Wald
hält Abstand,
sucht den Held.
Doch der war feige.
Nur die Waldameise
wandert emsig
endlos Wege mutig entlang.
Wer noch will die Zukunft wissen?
Träumt den Wahnsinn in die Kissen.
Wenn die Jahr' ins Land gegangen,
läuten Glocken,
schwer sie klangen.
Wurzeln sperren Wege ab
und der Himmel tröpfelt nass
beharrlich Wissen aufs Gras.
Doch, wenn kein Interesse,
fliegen Schmetterlinge nur noch matt
und harren jedweder Regresse.

Schönwettergesicht

Ach, wie ist doch das Leben schön,
hinter rosaroten Brillen sehn' –
wir nur das, was wir wollen.
Keine Flutwellen, die uns überrollen;
Nur Einkaufsläden, deren Türen verschlossen stehen.
Leere Regale erkennen wir nicht,
denn wir lieben nur das Schönwettergesicht.
Aber all' dies ist nicht so schlimm,
denn in uns drin,
scheint doch nur die Sonne.
Dabei – sieht man am Horizont
schwarze Wolken hängen,
die sich näher und näher zwängen.
Über uns grollen Donner und Blitze zucken.
Doch das ist uns relativ egal,
weil wir von jeher weiter mit den Achseln zucken.
Jegliche Schäden –
Sind uns nicht bewusst. Die sind kollateral.
So ziehen sie die Fäden,
die Marionetten, die Puppen.
Die spielen mit jedem
und blutrünstig sie zocken.
Doch wir sehen nichts von alledem.
Tagein- tagaus wir vor Fernsehern hocken.
Und die Spielleiter mit „lustigen" Talkshows locken –
Zwangsfinanziert es immer wieder passiert;
Wie sie hinter vorgehaltener Hand
hämisch frohlocken.
Ach, wie ist doch das Leben schön,
hinter rosaroten Brillen wir sehn' –
nur das, was wir wollen
beziehungsweise sollen.

Zukunftsland

Weite Steppe,
verbranntes Land,
ist es das, was man will?
Wer hat die Kraft,
sich vom Elend zu erholen.
Die Wahrheit wurd' gestohlen.
Und soweit das Auge schaut –
Hie und da – immer irgendwer Städte baut.
Doch sind es alles nur Illusionen
des Niemandlands,
abgefackelt und verbrannt.
Abgeholzt, kein Baum mehr wuchs,
wohin man schaut, nur wachsender Betrug.
Blind – blind – blind
vom vielen Sehen;
Halsabschneider befehlen
dieses *Zukunftsland*.
… aber selbst Fluten haben sich abgewandt…

Ein neuer Winter

Ich schieb die Gefühle fast
eines Jahres auf die lange Bank.
Nach *diesem* Winter folgte ein Frühling,
ein Sommer und auch ein Herbst.
Der *neue* Winter ist wieder krank.

Was lehren mich die Gefühle
des letzten *verdammten* Jahres?
Nichts! Schieb sie ins Tiefkühlfach,
leg sie einfach auf Eis.

Und fühl mich nur noch matt und müde.
Mir ist alles gleich.
Nur noch Hoffen auf einen warmen Sommer,
wann lebt das Leben wieder heiß?

Wie viele Jahre wird es noch dauern –
Eins, zwei oder drei?
Wie hoch sind dann die Mauern
der gewachsenen Tyrannei?

Gibt es ein Leben nach diesen Jahren,
sind wir dann noch frei?
Die Antwort auf all diese Fragen
steht in den Sternen.

Der Wind kennt sie, weht sie über Hügel.
Und auch die Vögel mit ihren Flügeln,
den flatternden, fernen.
Doch ihnen ist's einerlei.
Sie fliegen einfach fort
an einen *uns unbekannten* fremden Ort.

Wintergewitter

Gewitter –
im Winter;
Schnee fiel vom Himmel.
Luftströme –
zogen heiß und klar,
bitterkalt zitterten die Nächte im Januar.
Vom Leben betrogen
waren die Wunder des Waldes entflogen –
Zuckerschnee bedeckter Bäume
verflog in hauchzarte Träume
der Dämmerung blasskalter Lichterbogen.
Elektrisierte Blitze zuckten im Wind
und erstarrt waren die Wünsche der Nacht,
die unerfüllt geblieben sind;
Die lagen eingefroren brach,
solang, bis endlich der neue Tag anbrach.

Fort geatmet

Ich betrüge mich mit meinem Lachen.
Verdrängte Wehmut pur—
Will mit aufgesetzter guter Laune verflachen
dieses böse Trauerspiel nur.
Wie traurig mich die Lügen machen.
Das Leben angestrengt,
verboten, aufgewühlt.
Das *freie Atmen*
ist gefesselt von gelenkten Drachen.
Die verschlingen fort geatmete Luft
mit ihrem gierigen Rachen.
Doch wir – wollen uns trotz allem
das Glück niemals verbieten lassen.
Uns nie verbiegen, ob der Manipulation.
Stete Suggestion
in empfänglichen Köpfen schwirrt.
Dabei ist längst entschieden, wer hier *irrt*.
Ihr meint: "Lasst uns nicht so viele Sorgen
um die Zukunft machen."
Ich sage euch: „Es ist an der Zeit,
endlich aufzuwachen!"
Noch ist es nicht zu spät
die freien Lieder zu singen
vom lauen Sommer, wenn *endlich* wieder
die blühenden Rosen die Gärten durchdringen…

Rhein und Flut

Meine Augen brennen von Feuer,
Schmerz und Stein.
Ein Schrei –
Und klopfen im Gemäuer,
hüllt meine Angst vorm Nebel ein.
Ein Ungeheuer
streift in der Nacht
über Rhein und Flut,
über Wüste, Sand und Watt.
Und meine heiße Wut
sprengt die kalte Wand.

Jedes karge Feld

Sieh doch, den weiten blauen Himmel
Mit seinen weißen Wolken!
Lass sie fliegen – Frei!
Den wissenden Wind frag:
„Wohin?"
Doch auch er weiß es nicht.
Nicht, wohin sie fliegen, die Blätter.
Ihr Laub verfängt sich in den Ästen,
aber sie haben den warmen Sommer
lang schon vergessen.
Und graue, schwarze Wolken zerfressen
das schöne Himmelsblau.
Die Wunder der Welt
fliegen gen Westen,
der hat sich schon lange vermessen
mit seinem gierigen Geld.
Und jedes noch so karge Feld
woll'n sie ernten, diese Barbaren.
Die kennen einfach kein Erbarmen!
Für sie ist alles kein Problem.
Nur wir sehen nie wieder die Kanaren,
mit ihrer leuchtenden Traumidylle.
Wir sehen – statt dem –
keine Ernte auf den Feldern.
Sie liegen dürr und brach.
Und ach –
Ausschweifende Fülle
von unfruchtbarem Ackerland.
Breit macht sich *nur* stinkende Gülle,
die wird befeuert, nicht verbannt.

Irgendwann

Den Wald zu lieben, die Felder, das Meer.
Über Brücken zu wandern, einmal mehr.
Vielleicht auch über sieben Brücken zurück.
Immer weiter, schneller, Stück für Stück.
Alles wandelt sich, irgendwie verrückt.
Das Leben zieht sich in sich selbst zurück.
Totale Immunität gibt's nicht, nein,
für keinen Preis dieser Welt wird dies jemals sein.
Jedes einzelne Leben wird einmal enden,
mag man das Blatt drehen und wenden,
wie man will.
Irgendwann steht der Atem still.

Schmerz der Welt

So ruhig und still,
wirkt er, wie schlafend, der See.
Nur wenn er es will,
schlagen seine Wellen wild
und ungezähmt an Land.
Halb zugefroren
sein Wasser
und Enten tummeln sich auf ihm.
Was für ein Geschnatter!
Noch fröhlich –
schmettern sie ihre Melodien.
Die Schwäne fliegen
als Letzte gen Süden.
Verlassen den Ort der Liebe
und ziehen fort.
Wohin, das wissen nur sie allein.
Fliehen friedlich – in Reih und Glied.
In der Ferne erklingt
es, ihr nach Freiheit gelüstetes Lied.
Mit ihnen der Zauber der Liebe
für immer von dannen zieht.
Oh Abschied.
Oh Schmerz,
deine Tränen.
Heile den Schmerz der Welt!
Heile den flüchtigen Wind
und mit ihm das Sehnen
nach seinem geliebten Kind.

Hinter der Brücke

Hinter der Brücke
wartet am Horizont ein Schiff,
das schwimmt mit uns in die Freiheit
gemeinsam zu den Wundern der Welt.
Die zeigen sich jedem,
der auf sein Herz hört und versteht,
wie es lacht, liebt und lebt.
Mit all' den Wundern der Erde weht
der Wind in der Abendsonne
und wenn er sich dreht,
zieht er lächelnd vor Wonne
hinauf zu Millionen von Sternen,
die tausend mal heller leuchten
als auf Erden all' die Laternen.

Goldenes Sternlein

Selbst die Krähen schreien
ihren Unmut auf diese Welt hinaus.
Und jeder Hund
jault, weil's ihm *hier* nicht mehr gefällt.
Seitdem die Erde nicht mehr rund
läuft, schimpfen Vögel lautstark
auf Baumästen im Hintergrund.
Und –
Haben kein Verständnis fürs Menschen Tun,
jede Katze miaut laut, jeder Hahn kräht schrill.
Die Grillen zirpen heiser,
die Libellen kaum hörbar, schwirren leiser
übern See.
Der Himmel mit seinen Wolken
fällt plötzlich in den See.
Nur ein einzig goldenes Sternlein ich seh.
Das fliegt in die Nacht hinaus,
hinauf zum Mond,
um ihn zum Leuchten zu bringen,
damit auf Erden die Menschen
endlich wieder Lieder anstimmen,
um sie euphorisch weit in die Welt zu singen.

Wenn es verboten ist

Wenn es verboten ist, die Wahrheit zu sagen
und die Lüge wird hofiert.
Hinter maskierten Sonnentagen –
Wird dann noch der Morgen klaren
oder bleibt es Nacht und der Morgen verliert?

Wenn das Dunkel nie mehr wird zu Licht.
Eingesperrt hinterm Dornendickicht
bleiben die Nebelschleier sozusagen
wie Wetterfront, und die interessiert.

Erstaunt, ja mehr noch irritiert
zieht der unaufgeklärte Blick
sich langsam in sich zurück
und das Kleeblatt geformte Glück
wird gehindert am Wachsen.

Stupides, fruchtloses Land
ist nun das neue Schlaraffenland.
Die Freiheit verlegt sich in Kellerverliese
und wähnt sich trotz allem im Paradiese.
Eisige Kälte wird von Hofnarren gepriesen.
Die wärmende Zeit flieht in eisiges Feuer,
während der Globus verbrennt jedes Abenteuer.

Die Unwahrheit prügelt das Licht vor sich her.
Die Sterne verbieten sich das Leuchten im Meer,
das in Watt und Wüste ertrunken.
Von Schmerz sind die Wellen trunken.
Heilung trügerisch, ja ausgeschlossen
sind die Pulverchen der Artgenossen.
Nur *ein Mittel* huldigt unverdrossen ...

… das klagende Feuer züngelt schwelend
hinter verschlossenen Türen, wie *angeekelt*.
Empörend schwillt es zur Flut –
und mit ihr wächst stetig die Wut.
Doch wehe dem, wenn nicht gelöschte Glut
ausbricht wie ein heiß brodelnder Vulkan!

Heimlich fließt die Lava dann schlängelnd davon,
sucht sich Sauerstoff und reine, klare Luft.
Doch die ahnt *schon lange* den Duft
der ausstehenden Explosion.
Es wütet die Rache, es blutet der Zorn!

Jarnischt[10]

Heut mach ick mal jarnischt –
Beinahe – Fast wie immer.
Räum nicht auf in meinem Zimmer,
dafür im Keller,
das macht Spaß! Juchhu!
Das stärkt die Rückenmuskeln, die Bizeps
und den Po sowieso –
Und alles geschieht wie aus Geisterhand, im Nu!
Fitnessstudios sind fast das ganze Jahr schon tabu.
An den Türen steht in Folge von Insolvenz:
„Wir schließen!"
Und die eine Frage stellt sich: „Überhaupt wozu –
sich auf Fitnessmaschinen quälen?"
Reicht es nicht, wenn sie im Keller fließen,
die salzigen Schweißtränen?
Die fettigen Haarmähnen
hängen ungeschnitten wie Stroh.
Versteh's nicht, irgendwie, irgendwo.
Nun ja, auch die Friseure haben geschlossen.
Im letzten Frühjahr, nun auch im Winter,
ei der daus –
Bis auf wenig Prädestinierte
sehen *Alle* wie Gespenster aus.
Wofür denn auch „chic" aussehen?
Wir gehen doch eh nie aus,
und hat uns darum gebeten;
Nein, doch eher befohlen:
„Ihr bleibt *Alle* mal schön zu Haus!"
Also gehen wir weder ins Kino, noch ins Theater;
Es herrscht nur noch das Motto –
Работа[11], Работа!
Und freu mich *beinah* wie ein kleines Kind,
das dauernd lacht und ist froh gestimmt.

Apropos –
Was wollt ich noch sagen?
Das war's dann schon.
Heut mach ick mal jarnischt.
Fast wie immer –
Ich versuch mal zu schlafen,
und lösche das Licht,
aber schlafen –
kann ich einfach nicht.

Twenty Billion Dollars

Der Rubel rollt,
gewiss auch der Euro,
and Twenty Billion Dollars
eines Bill Gates.
Das schmutzige Geld,
gedruckt in Massen –
kaum zu fassen,
wie sie klingeln die Kassen!
Hurra, hurra,
das Geld verbrennt!
Her mit all' der Kohle,
wir stimmen an gemäß der Parole:
„Haut rein, ihr Investoren,
Mafiosos und Impfprofessoren."
Der Rubel rollt,
gewiss auch der Euro,
and Twenty Billion Dollars
eines Bill Gates.

In der Ferne

Silbergolden glänzt die Straße in der Sonne
und schlängelt sich wie eine Schlange im Licht.
Im Traume zog das Dickicht
durch die Stadt,
und flog die abschüssigen Wege hinab.
Offen stand in der Ferne ein Haus,
das wärmend strahlt soviel Ruhe aus.
Bis zu dem Moment,
als plötzlich der Teufel in seinem roten Gefährt,
mit Argusaugen die Straße versperrt.
Er schimpft und tobt
und seine Augen leuchteten rot
vor Wut. Und so er sprang hin und her voller Zorn.
An der Kreuzung warteten die Retter schon.
Sie taten das einzig Richtige…
Sie bliesen entschleunigend ins Horn.

Ich hab Dich lieb

Ich hab Dich lieb,
doch das ist verboten.
Wie ein Dieb
flücht' ich mich in Umarmung.
Schnell noch ausloten –
Was ist erlaubt,
was nicht.
Wenn ich noch glaub'
an die Vorboten des Frühlings…
Ich hab Dich lieb.
Wenn ein Rinnsal sich flussabwärts zieht.
Solange bis die Sonne versinkt,
lass ich es mir nicht verbieten,
Dir zu zeigen und zu sagen –
Ich hab Dich lieb.
Auch –
oder gerade deswegen,
weil es verboten ist –
in diesen dunklen Tagen.

Du bist

Du bist der Baum,
der begrünt atmen will.
Du bist das flackernde Leben,
bunt und schrill.
Du bist die laue Frühlingsluft.
Du bist die Liebe, die atmen muss.
Du bist der Kuckuck,
der im Walde ruft.
Du bist die Schwalbe,
die der Wind in die Weite pust'.
Du bist das Lachen,
das als Echo schallt.
Du bist das Leben,
in Liebe geballt.
Du bist die Kraft und die Zuversicht,
Du bist der Tunnel und am Ende das Licht.

Blinde können nicht sehen

Im Mittelalter wurden Hexen verbrannt.
Sie waren keine, wurden aber so genannt.
Von der herrschenden Inquisition gerichtet,
wird derzeitig ebenso berichtet.
Ich dacht', der Aberglaube sei ausgestorben,
doch heut wurde er wieder neu geboren.
Als Verschwörungstheoretiker nun benannt,
wurden die Wahrheitsmythen aberkannt.
Und nun als *Idioten* verschrien,
wobei – man könnt etliche Schlüsse ziehn.
Aber warum sich mit *gefährlichen,* unbequemen
Themen auseinandersetzen?
Viel einfacher ist's, gegen Querulanten zu hetzen.
Immer wieder sich an neuen Lügen zu ergötzen,
ja, sie fraglos inhalieren
und gegen die *Hexen*
artikulieren.
Aber selbst *Echsen*[12]
tun ihre Meinung kund,
gehen dem verlogenen Drama auf den Grund.
Beleuchten das Hintergrundgeschehen –
aber leider können Blinde nicht sehen.

Verbrannte Lügen

Alle wirken mit in diesem Spiel
aus Verleugnung, Macht, Gier und Intrigen.
Mit dem Papier verbrennen sie all' ihre Lügen.
Friedliche Menschen werden gehetzt,
und das Grundgesetz
wird verbrannt
in der Diktatur.
Von den Mächtigen der Welt,
den Eliten, der Weltbank,
dem billigen Geld
der Pharmaindustrie,
den Politstranzen, Söldnern, der Miliz
mit ihren Schergen.
Die treiben die Menschheit
in den Abgrund – ins Verderben.
Immer ungerechter
und schlechter
wandelt sich der Planet,
solang, bis er sich nie mehr dreht.

Ahnung

Wenn ich eine Meinung hab,
so eine Ahnung –
Bin ich trotzdem ich.

Eine andere Ansicht –
Bin ich deshalb schlecht?
Meine Anschauung wird bestritten.

Niemand ist so frei, sie zu betiteln
mit: "Ja, *vielleicht* hat sie doch Recht?"
Vielleicht hab' ich aber auch nur das Pech,
dass Recht betitelt niemals nur *Recht*.

Wieviel Angst hat man geschürt,
keiner auf Erden, niemand spürt
die Wahrhaftigkeit eines Lebens.

Hat man nicht alles genommen,
was des Lebens ist wert?
Und die Angst frisst uns auf.
Was läuft schief, ja verkehrt?

Ein Leben ohne Freude,
nimmt man jetzt wirklich alles in Kauf?
Empfinde – nur Entsetzen.
Bin ich *wirklich* die Einzige, nur ich?

Lange, lange denk ich darüber nach,
in schwarzen Nächten immerzu hellwach.
Vielleicht ist längst nicht alles gesagt?
Und man muss mehr hinterfragen.

Vielleicht.
Vielleicht können wir nicht alles tragen,
was man meint, uns über zu helfen.
Vielleicht, wenn ich nur zähle von eins bis zehn.

Vielleicht könnt' dann doch *nur einer* verstehen?
Vielleicht, bis wir *all' die Widersprüche* abwägen
und völlig in uns gehen.

Unser Herz befragen, was ist richtig, was ist falsch.
Kann es sein, dass man uns alle betrügt?
Kann es gar sein, dass man uns alle verführt?

Kann es sein, dass *niemand* mehr weiß,
was ist links, was ist rechts?
Ist es möglich, dass mich mein Nachbar verpetzt?

Nur, weil ich mich mit meinen Liebsten getroffen,
und ich auf Umarmung und Liebe will hoffen?
Was ist hinten, was vorn,
in mir wütet nur noch eisiger Zorn.

Und jeder, der seine Verwandten besuchen will,
muss sich unterwerfen einem *Drill*.
Weiß denn niemand,
dass es in den Heimen ist – *fürchterlich still*?!

Nonchalant

Still und weiß die Flocken fliegen,
und ich langsam wieder weiß,
wie es ist, den Schnee zu lieben.
Klirrenden Frost, leichte Flocken
und ewigen Frieden.
Und leis legen sich die Träume
sanft aufs Gemüt.
Das frostige Gebiet
liegt schwer und starr
auf meinen Schultern.
Unnahbar
ist da noch Hoffnung
nach Umarmung und Küssen.
Die lässt mich dann auch wissen,
dass dieser kalte Winter balde
von dannen zieht.
Er krümmt sich
mit letzter, geballter Kraft,
und *endlich* dann –
verfliegt mit ihm ein altes
unverbesserliches Jahr.
Und Normalität fühlt sich an
wie der kalte Schnee,
lang vermisste Schneemänner
und ein zugefrorener See.
Eilige Zeit,
wann werden die Tage wieder länger?
Die letzten –*wegweisenden* Jahre –
fliegen in Lichtgeschwindigkeit davon,
das Neue Jahr wartet schon –
Nonchalant.

SOS

Vereiste Schuhe –
Pein.
Auf der Straße
allein.
In der Dunkelheit
kein Licht.
Im Schnee
dunkle Schatten –
fürchten sich.
Ratten
huschen durch die Straßen.
SOS.
Licht aus
Licht an
Licht aus.

Schritte im Flur

Fast noch Nacht
hört man die Schritte
im Flur.
Einer der *Sklaven*
verlässt dass Haus.
Nicht in Eile.
Nur –
sehr früh.
Draußen Schnee.
Schwarzer Schatten
bewegt
sich fort.

Mordio

Schreie in der Nacht.
In der Ferne
Schnee.
Keine Sterne,
die Laterne
leuchtet matt.
Knirschende Spuren
verwischt der Wind.
Die Schreie verstummen –
Mordio.
Ein Einhorn flieht
für immer
geschwind.

Ja

Hoffnung
Ja.
Wie lange noch.
Weiß nicht.
Eis
Schnee
Frost
Erstarrt.
Schock
Starre.

Der Krake

Da ist er wieder, der Krake.
Zurrt sich immer wieder fest.
An ner Backe,
hinterm Ohr,
und das freie Wort verlor.
Grässliche Attacke.
Immer wieder floppt sie auf.
Wie lang nur,
nehm ich das noch in Kauf?
Wie lang,
ohne zu murren?
Nicht für ewig,
dann ist Schluss
mit dem Stuss.
Und der Fluss
reißt ihn mit –
Endlich.
Endlich Schluss.

Gieriges Tier

Sie gaben auf.
Manche.
Gaben sich den Gnadenschuss.
Die Frage: „Warum?"
Weil – immer nur ein Muss.
Viele pleite.
Künstlich
herbei geführt.
Von einem *Monster*,
einem *Tier*,
welches immerzu giert.
Und wieder
verliert
jemand sein Leben.
Kein Spaß
on Mass.
Eiskälte
und Ekelfraß.
Absolut –
keine Illusion,
nur Niedergang
und Depression….

Halleluja

Spät abends schlägt die Turmuhr zur Nacht.
Der Funkenschlag – schlägt sacht.
Die Sterne schweigen leise
auf ihrer unendlichen Reise
durchs Weltenall.
Die Stämme der Bäume leuchten bunt
vorm schwarzen Hintergrund
der Nacht.
Doch wie eigentümlich fremd die Musik erklang
aus diesem fernen alten Jahr.
Ja, irgendwie
spielt hier keine sanfte Melodie,
kein Singen, kein leises Klingen
in der heiligen Nacht.
Die Häscher sind da.
Oh Halleluja –
Die das Treiben der Leute bewachen.
Ab jetzt kein Feiern, kein Lachen.

Zweitausendzwanzig

Das Jahr Zweitausendzwanzig –
eines der größten Widersprüche
ist vergangen.
Wie's Nächste wird, wer weiß.
Was wird uns dieses abverlangen?
Mit welch verdrehten Mythen sie uns fangen.
Ja, schauen wir mal, wie die falschen Schlangen
sich giftig positionieren,
stets weiter mit ihrem Geifer gieren.
Wie sie die Verführung malträtieren
und künftig dies perverse Schauspiel spielen.
Lobbyisten agieren,
indem sie die Obrigkeit hofieren.
Und vor Lachen sie hochmütig schallen –
Und wie prostituiert sich stetig selbst gefallen.
So flüstert im Medienecho des Spektakel
das Orakel hinter vorgehaltener Hand
ganz ungeniert und penetrant.
Mit heimlich avancierten Papieren[13],
verstärkten sie die Gefahr der Viren.
Vorsätzlich in Auftrag gegeben,
um Menschen mit Angstszenarien zu lähmen.
Ein Debakel am Jahresende,
dem Volk waren gebunden die Hände,
während die Medien mit ihren Vasallen
höhnisch ließen die Korken knallen.
Von Scham und Empathie keine Spur,
ihre Raffgier übte sich in Hochkonjunktur.
Indes saß das Volk vor den Röhren,
die lautstark die Häuserwände übertönen.

Eiskalter Januar

Dieses schwarze Jahr,
schwärzer als die Zeit der Trauer –
Beinah;
sie wuchs und wuchs,
umrankte die Mauer.
Verlust um Verlust
und Trauer, Trauer,
schlängeln sich im gefrorenen Fluss.
Dahin gehaucht kein einziger Kuss,
nichts kann das übel riechende Grauen
beseelen.
Keine Umarmungen überstehen
das Ausmaß der höllischen Wege.
Buße tun und kalte Gebete.
Kann *nicht mehr* weinen,
auch nicht um den *einen*.
Das Trauerzelt fällt,
versunken die ganze Welt,
vergangen das alte Jahr.
Das Neue beginnt –
mit dem eiskalten Januar.

Die Katze

Kein Dach übern Kopf,
heimatlose Schuhe unter der Brücke.
Riesengroß klafft die Lücke
zur Mitmenschlichkeit.
Eiskalt pfeift der Wind.
Arm an Geld –
eine Stimme singt.
Kein wärmender Mantel –
Die Gitarre klingt
über der frierenden Straße.
Den kalten Leib
wärmt eine Katze
mit ihrem weichen Fell.
In weiter Ferne
über dunkler Laterne
scheint der Mond taghell.

Hoffnung auf April

In leisen Nächten,
ruhig und still,
hoff' ich sehnlichst auf den April.
Wenn der Wettergott nicht weiß,
was er will.
Manchmal leuchten die Straßen weiß,
und die Nächte schweigen kürzer.
Endlich werden die Tage länger,
leuchten heller.
Und –
Der liebe Gott schweigt nicht länger,
wenn auf Erden
die Kriegstage strenger werden.

Die Gedanken sind frei

Jeden morgen in der Früh' steh ich auf,
gehetzt mein ganzes Leben.
Hab es einst verkauft,
an die Schergen der Sklaverei,
und meine immer noch –
Ich sei *frei*!
Üb' mich jeden Tag in *Pünktlichkeit*,
IMMER – jeden Tag neu.
Und dabei –
Pfeif ich mein Liedchen:
„Die Gedanken sind frei!"

Stillleben

Stillleben –
Mein stilles Leben
schlummerst im Traum
von Märchen aus Tausend und einer Nacht.
Auch Schneewittchen
war wieder erwacht –
aus einem dunklen Alptraum
verwunschener Nächte
und schauriger Mächte.
Gläsern
lag sie im Schrein –
zwischen Sterben und Sein,
zwischen den Welten
bei Kerzen- und Sonnenschein.
Stillleben –
Mein stilles Leben
schlummerst noch
und träumst
von einer schönen Welt?

Mit dem Herzen

Nichts ist richtig,
nichts an seinem Platz.
Ohnmächtig suchen wir den Schatz,
der uns erleuchtet,
der die Dinge richtig dreht,
der die Fähnchen schwenkt,
geradewegs.
Übersäuerung
des gesamten Systems.
Erneuerung –
auf den Startfüßen steht.
Die Gedanken –
mit ihnen das Licht,
und die Hoffnung,
dass alles richtig ist.
Alles bleibt an seinem Platz,
nichts ändert sich.
Ist es die Wahrheit,
oder ist sie *nichts*
von alledem?
Schau mit dem Herzen,
ehrlich und unbefleckt,
dann entdeckst du *vielleicht* den Schatz
am richtigen Fleck.

Im nächsten Leben

Im nächsten Leben –
soviel ist sicher –
kauf ich mir
eine *Viermillionen-Villa*[14].
Und weiß immer,
wo es wächst,
das große Geld.
Tanz auf allen Hochzeiten,
bin überall dabei.
Einfach in jedem Verein,
in dem sich viel Kohle verdienen lässt.
Und den Rest –
Lass ich übrig für den Protest.
Der soll auch was haben.
Will nicht so sein.
Muss irgendwas übrig haben,
und dafür gut ist *jede Schweinerei*.
Solang der Mensch zufrieden ist,
was ihm die Elite als Almosen gibt –
Kann nichts schief gehen,
nichts, nein.
Im nächsten Leben –
soviel ist sicher –
kauf ich mir
eine *Viermillionen-Villa*.
Und weiß immer,
wo es wächst,
das große Geld.

Mausetot

Die Grippe ist ausgestorben,
einfach mausetot.
Und scharlachrot
glüht der Rachen.
Liegt mit vierzig Grad Fieber
in Fieberträumen danieder.
Im Schüttelfrost zittern die Glieder,
geschwängert von Schnupfen und Husten.
Entzündete Mandeln schmerzen
und die Augen leuchten fiebrig blank.
Ermattet flackernde Kerzen prusten
die stumm pochenden Herzen krank.
Wie sie vor Liebe dursten!
Und die Viren kreuchen die Wände entlang.
Hinterm Duschvorhang
huschen sie durch Rohrkanäle.
Auch die Toilettenspülung scheint jetzt krank.
Vom letzten Alkoholrausch schmerzt die Leber.
Und ein jeder –
Kettenraucher qualmt Rauchwolken gen Himmel,
deren Lunge *kocht* auf dem letzten Loch.
Und doch –
Manch Krankheit ist nun nicht mehr *systemrelevant.*
Die einzig *Wirkliche* ist anerkannt –
Die Krönung der Schöpfung – Die Krone –
namens Covid, die ist nun mutiert.
Breitet sich aus und sie giert
mit ihren *Händchen.*
Jedermann bleibt zu Haus,
Aber nur, *weil er muss* –
Keiner singt mehr ein Ständchen.
Die Zukunftsvision – *ZERO COVID* –
befeuert stetig den steigenden Profit.

Neulich

Neulich, schon gehört von der *Läusepest*?
Die Tierchen haben sich auf Köpfen festgesetzt.

Da hilft nur eins, sich zu rasieren
und die Glatze täglich zu polieren.

Die Maßnahmen werden auf dringlichste empfohlen,
und Phase eins für ungewisse Zeit zu wiederzuholen.

Auch wenn's nicht nützt, wird es zur Pflicht,
und wehe dem, du gehorchst dann nicht!

Dann werden Strafen aufgebrummt,
bis endlich der Widerstand verstummt.

Wollen wir doch mal sehen,
wie sie die Schrauben fester drehen.

Solange, bis es endlich der Letzte kapiert,
dann laufen die Bestimmungen wie geschmiert!

Und alle machen mit in diesem Spiel.
Die Hirne wurden gewaschen mit Persil.

Ein schöner Traum der mächtigen Elite,
mal schaun, was sich demnächst noch so biete.

Der Fuchs ist ein gerissen Tier

Nicht klug,
nicht intelligent,
nein, nur verschlagen schlau,
ist *diese Frau.*
So wie der Fuchs,
den jedermann kennt,
ist auch sie bekannt
im ganzen Land.
Der Fuchs hält sich versteckt
in seinem Bau.
Und heckt und heckt –
Und weiß genau,
bis ihm die Zeit gereicht.
Wenn er dann an sein Ziel gelangt,
ist ihm nicht bang,
längst hat' er's erreicht.
Und *sie* schlägt genauso zu –
Dabei einem Tyrannen gleich,
mit dem *sie* steht auf du und du.
Mut braucht *sie* nicht dazu,
auch keine Intelligenz.
Sie ist nur verschlagen
und gerissen schlau.
Ihre Tendenz,
zu handeln wie jener Fuchs,
den jeder kennt.
Nur –
Der Fuchs ist ein gerissen Tier,
dazu charmant, auch reizend hier.
Und das kann man von *ihr*
gar nicht behaupten.
Nur dumm und raffiniert
sie stetig mit dem Schlunde giert.

Nirwana

Lauf, lauf,
so schnell du kannst;
Verschnauf
nur kurz und tanz
hinauf zum Höhenflug.
Sei auf der Hut
vor dem Absturz.
Der führt
steil hinab
ins Nichts
oder ins Nirwana.
Lauf, lauf,
so schnell du kannst;
Verschnauf
nur kurz und tanz
hinauf zum Höhenflug,
doch sei auf der Hut,
manchmal verschlingt
dich die reißende Flut.

Päpstlicher als der Papst

Man spürt *ihn* über Kirchenbänke springen,
dort, wo sonst die Chöre singen.
Hinter alten Mauern aufgestaut,
jetzt niemand mehr auf Gott vertraut.
Das Immunsystem ward' lang nicht mehr gesehen.
Nur Vaccine[15] lassen jetzt Wunder geschehen.
Zu beten scheint jetzt ein Malheur,
das Vaterunser existiert nicht mehr.
Päpstlicher als der Papst gibt sich der Papst,
doch macht er sich schuldig eines Hochverrats.
Ja damit ist er nicht allein,
die Regierungen der Welt stimmen in den Reigen ein.
Die Pharmaindustrie gleicht einem Gottesgeschenk:
„Macht die Arme frei bis übers Ellenbogengelenk!"
In jeder Werbung und auf Plakaten
gilt diese Devise, sonst ist man verraten
Überall sind diese Sprüche anzuschauen
und vermag kaum seinen Augen zu trauen.

Körnchen Wahrheit

Nur Schall und Rauch,
sonst nichts.
Was bleibt, ist Leere –
Kein Körnchen Wahrheit,
was bleibt –
immer nur Verzicht.
Im Schein der Nacht,
da fliegt der Schatten.
Wurd' um die Ecke gebracht.
Und wir?
Verloren alles, was wir hatten
und letztlich verließ uns die Kraft.
In der untergehenden Sonne
blies der Wind die Welt davon.
Als man sie noch sehen konnte,
dann plötzlich verschwand sie
kurz nach Mitternacht.
Das Rad des Untergangs,
es dreht sich immer weiter,
endlos, solang –
bis sich endlich wieder Liebe fand.
Oh du wilder Himmelsreiter,
bitte halt an,
nur eine kurze Rast auf einer Bank
der wolkigen Gefilde.
Und du, mein Abstand,
sag mir wie lang,
willst du ihn halten?
Hab die Nase voll schon lang
von perfiden Gestalten,
Blättern, müden alten,
und Gedanken, haltlosen kalten.

Freies Land

Ich könnte, wenn ich wollte.
Ich könnte, aber ich will nicht.
Vielleicht neue Wege gehen? Ja!
Doch wenn ich nicht weiß,
wohin mich die Winde tragen?
Und Fragen über Fragen,
in Zeiten, die schwierig sind,
sie zu verstehen.
Werden nicht leichter,
nein, eher schwer.
Anstrengend und zähe
fließt der Straßenverkehr.
Am Himmel Vögel, auch eine Krähe,
sie ziehen kreischend davon.
Sehe einem bunten Luftballon
hinterher, wie er mit den Wolken fliegt
im Wind. So leicht beflügelt
wünsch ich mir selbst
davon zu segeln in eine Welt,
die es mir leicht macht
und wo freies Land noch zählt.

Hangover Corona

Hangover Corona,
fang dich mit dem Lasso ein.
Hangover Corona,
ich fühl mich so allein.
Weißt noch, wie die Welt
sich verändert mit all ihren Krisen?
Vernichtet wird immer Geld
mit abgedroschenen Devisen.
Ach Corona – du schmerzt,
tust unheimlich weh.
Weißt nicht mehr, wie es vorher war,
mit Vogelgrippe und BSE?
Hangover Corona,
fang dich mit dem Lasso ein.
Hangover Corona,
ich fühl mich so allein.

Eistränen

Eistränen
fließen
hinter durchsichtigem Glas,
Tropfen klirrend.
Verwirrend,
hängen Zapfen
traurig am Dach.
Gespenstische Ruhe,
kein Vogel mehr lacht.
Eiszeit.
Wie lang noch,
wieviel Zeit
noch bleibt?
Die uns treibt.
Es ist fünf vor zwölf
Oder doch schon zu spät?
Willkommen –
Neue Normalität!

Alte Zeit

Glitzernd weiß
glänzt der Schnee
im Sonnenlicht.
Kristallen leuchtet
er, wie von Sternen geblendet
und von den Strahlen der Sonne
absorbiert.
Der Schnee
knirscht unter den Füßen.
Schon wollen die Vögel
zwitschernd den Frühling begrüßen.
Doch viel zu früh,
er ist noch weit,
meilenweit entfernt.
Der Wald
steht immer noch so bitterkalt.
Obwohl –
Kinder spielen in ihm
mit ihren Hunden.
Gemeinsam drehen sie ihre Runden,
unbedarft und kindlich frei.
Ungestüm sind sie dabei
mit ihren Schlitten
und Skiern.
Von fern hört man Pferde wiehern.
So wie früher
in der alten Zeit.

Schmale Grenze

Nichts weiter.
Nur ein Gedicht.
Halt mich fest
an den Worten,
den Reimen.
Lupenrein scheinen
sie durch Glas und Kristall.
Leer von Keimen.
Nur allein das Gedicht
hält mich aufrecht,
sonst nichts.
Hält mich fern
von leeren Hülsen,
Phrasen.
Verbrauchte Luft –
verpufft
hinaus in die kalte Welt.
Der Wind
bläst sie davon.
Das Gedicht
hüllt mich ein,
wärmt mich wie ein Schal.
Und so schmal
ist die Grenze
zwischen Atem und Luftnot,
zwischen Leben und Tod.

Ruinenstadt

Viel beschäftigt
und rastlos,
kein Ziel,
keine Zukunft,
keine Vision.
Jede Vernunft
wird unterdrückt.
Das Leben ist kein Spiel.
Keine Wahrheit –
existiert.
Dafür Lüge,
bis sie implodiert.
Jede Katastrophe gefriert.
Und immer noch –
Hört man die Menge, wie sie applaudiert.
Doch die Zukunft
verliert
alle Träume.
Und die Bäume
leblos starr,
sie stehen unnahbar
kalt und kahl.
Die Zäune und Räume
der Ruinenstadt
verflüchtigen aalglatt
all' die Mythen.
Platt
gewalzt von Allüren
der Polemiker.
Nur *auserkorene* Akademiker
befeuern „*Weisheit*" hinter ihren
sperrigen, undurchdringlichen Stahltüren.

Regenbogen?

Das ist nicht mehr
meine Stadt, mein Land,
hier, wo ich lebte, noch lebe,
und Liebe, Hoffnung,
Schmerz und Trauer fand.
Einfach alles, was mich so bewegte,
mein ganzes Leben lang.
Hier hab ich meine Kinder geboren,
doch jetzt ist dieses Land verloren.
Der *allgemeine* Zustand
wälzt sich in Dreck und Müll.
Und wer noch will
uns erlösen
aus diesem *Alptraumdämmerschlaf*?
Jetzt handeln nur die „Bösen"
und rupfen uns wie Hühner;
Die legten einst brav –
tagtäglich ihre Eier ins Nest.
Wie lang ist's her? *Damals*
feierten wir ein Fest –
Ein Fest von vielen.
Wir *wähnten* uns satt und zufrieden,
doch machten sich längst breit die Perfiden.
Vom Charakter her durchtrieben,
manipulierten sie *alle* mit ihren Lügen.
Heut führt man *Krieg*
gegen das eigene Volk.
Dunkelschwarz umwolkt
der Himmel sein Blau.
Die Mehrheit lernt nicht dazu,
der Horizont zieht sich zu.
Regenbogen? Sieht man kaum,
dafür geschaffen scheint kein Raum.

In diesem Haus

Kriegstreiber,
Menschenverächter.
Ich hasse euch, ihr Lügner, Schlächter!
Jede Lüge, jedes Verbrechen,
euer Konstrukt *scheint* niemand zu brechen.
Kein Einhalt ist ihm zu gebieten,
viel eher sich nun Freunde verrieten.
Medien und Politiker *fliegen*
gemeinsam zum Mond
und huldigen Leben im *selben Kosmos*[16].
Denken? Sich nicht mehr lohnt.
Keinerlei Widerspruch, noch Kritik.
Trotz allem hoff' ich noch immer auf den Sieg
der Wahrheit und dem Licht,
auf dass dieses Lügenkonstrukt *endlich* zerbricht.
Dennoch fallen so viele darauf rein.
Können nicht mehr unterscheid'n –
zwischen Regen und Sonnenschein.
Oh Menschheit, was ist nur mit dir geschehen?
Du gehst deinem Untergang freudig entgegen!
Hast für immer deinen Verstand abgeschaltet.
Nur die Obrigkeit
jetzt die Menschheit verwaltet
zu Hörigkeit und Perversion.
Mit Angst und Manipulation
regiert sich jedes Volk in Leichtigkeit.
Und die Opposition?
Hält sich aus allem raus.
Man fragt sich:
„Wozu sitzt sie *in diesem Haus*[17]?"

Wohin fliegt die Taube?

Solls das mit den Gedichten gewesen sein,
war es das letzte,
das ich stelle ein?
Wer mag sie,
wer versteht sie?
Wer?
Wer tut sich diesen Zwang an,
wer glaubt denn noch dem *schwarzen Kanal*[18]?
Neunundachtzig[19] war endlich da,
ja und dann?
Gerungen mit der Lüge,
der Freiheit, dem Recht.
Und weiter betrüge, nur betrüge –
und jede Wahrheit verfliege
mit in Luft geblasenen Wolken,
hinter denen sich Demokratie versteckt.
Ach du, ach du, Berthold Brecht[20]!
Wohin fliegt die Taube,
die uns Frieden bracht?
Wohin, wohin,
sieh nur, wie sie verschwindet
in der Finsternis der Nacht.

Eintagsfliege

Nur eine Eintagsfliege –
nicht mehr.
Keine summende Biene –
wünscht man sie sich auch sehr.
Alle Lügen sind immer noch verschüttet,
unter Teppiche gekehrt.
Wer soll den Knäuel entwirren,
der mehr und mehr aufbegehrt;
Wenn die brodelnde Glut
sich an die Oberfläche drängt.
Wer soll das Feuer löschen,
wenn's unaufhaltsam lodernd brennt?

Ins Licht

Hier woll'n wir für immer bleiben,
dem Winde lauschen
mit seinen bunten Blättern.
Sie fliegen wilde rauschend
zu den Strahlen der Sonne;
irgendwann geht sie glutrot unter.
Die Welt der Wunder
wirft dem Paradiese so nahe,
der Sonne sonderbare
Schatten auf Erden.
Die Blätter entschweben
hin zu neuen Zeiten.
Dorthin entführt sie jeder Wind.
Und ruft dazu auf,
guter Dinge sein.
Nie mehr traurig,
nie mehr missmutig gestimmt.
So verzeiht die oft so harschen Worte!
Verzeiht dieses Leben,
wenn es die Laute verstimmt.
Verleiht uns Flügel an Orte,
die jenseits der Hölle
reichen bis hin zur Himmelspforte
göttlichen Lebens.
Lasst uns reden ohne Worte,
lasst uns schweigen
und lieben jene Gedanken,
ohne jeglichen Hass,
ohne Masken und Schranken.
Lasst uns fliehen ins Licht,
das leuchtet in weiten Sphären
hinter aufgewachten Phrasen
es die kalte Wirklichkeit bricht.

Nachwort

Als die *Pest* des 21. Jahrhunderts die Menschheit beherrschte, dieser Zeitpunkt in der Geschichte, als Regierungen der Welt *sich erlaubten,* mit widersprüchlichen, unverhältnismäßigen Maßnahmen das Klima der Menschlichkeit zu vergiften...

...wurden viele Menschen an den Abgrund ihrer Existenz gebracht und ebenso viele kamen an die Grenze ihrer seelischen Belastbarkeit und verzweifelten nahezu... Längst ist dieser Prozess nicht beendet, er beherrscht weiter die unerträgliche Gegenwart.

Für viele stellt sich die große Frage, wie können die Menschen zusehen, wie ihnen so gut wie alle Grundrechte und jegliche Würde genommen werden?

Ich denke, es sollte ein Grundbedürfnis der Menschen sein, Selbstbestimmung, Freiheit und Gerechtigkeit zu verteidigen...

Millionen von Menschen auf der Welt haben dieses Bedürfnis, während sich andere ohne Widerstand und selbst zu hinterfragen, einfach allem hingeben. Jeder Lockdown wird widerstandslos mitgemacht. Millionen von Menschen sind so dermaßen verängstigt, einfach weil sie Politikern, der Pharmaindustrie und den Medien uneingeschränkt ihren Glauben schenken. Sie sind vollkommen überzeugt, dass jene nur das Beste für die Menschheit im Auge haben.

Dabei sind Wahrheit und Lüge so dicht beieinander. Doch es scheint schwierig, sie auseinander zuhalten. Vor allem deshalb, weil allen voran gemeinsam mit Pharmalobby und Politik die Medien tagein, tagaus die Menschen mit Propaganda, Angst- und Panikmache gefügig machen ...

Die Gedichte in diesem Buch zeugen von meiner eigenen Hilflosigkeit, aber auch Verzweiflung und Empörung bezüglich der Ausblendung anderer Meinungen. Ebenso spornt mich mein unwiederbringlicher Gerechtigkeitssinn dazu an, zu kämpfen und nicht aufzugeben. Würde ich aufgeben, würde ich mich selbst verlieren. Dies käme einem Selbstverrat gleich und daraus resultierend ein Abbruch der Suche nach der Wahrheit. So wie kritische Wissenschaftler angefeindet, diffamiert, verächtlich gemacht werden, trifft genau dieses Phänomen die Mitte der Gesellschaft. Dabei gab es Zeiten, als für meine Begriffe noch korrekt berichtet wurde, zu Zeiten von Schweinegrippe[21], SARS[22] und MERS[23]. Warum ist solch eine Berichterstattung nicht mehr möglich? Was will man verheimlichen?

Alle sind verunsichert und verängstigt. Jeder in seinem für sich selbst zurecht geschnittenem Muster, dem er weiter folgt. Die Angst ist auf allen Seiten vorhanden. Die einen haben Angst vor dem Virus, wieder andere vor dem Impfstoff, der in einer viel zu kurzen Zeitspanne entwickelt wurde. Da ist es verständlich, wenn man *„seine Antennen"* ausfährt und skeptisch hinterfragt. Aber wenn es Politikern egal ist, wie sich die wirkliche Befindlichkeit der Bevölkerung darstellt, so spürt man damit doch deren Arroganz, Ignoranz und Abgehobenheit dem Volk gegenüber.

Die Politiker scheinen nur noch in ihrer *„eigenen Welt, ihrer eigenen Blase"* zu leben, der Bürger ist egal. Er wird alle vier Jahre dafür benötigt, sein Kreuz auf den Wahlzettelchen zu machen.

Nicht jeder muss mir zustimmen. Aber ich denke, ich habe ein Recht darauf, meine Meinung darzulegen, auch wenn sie der allgemein bevorzugten entgegensteht.

So wie leider Wissenschaftler, Biologen, Epidemiologen, Virologen, Soziologen, Psychologen und viele mehr regelrecht darum *betteln müssen*, damit ihnen endlich Gehör geschenkt wird!

Aber es ist Fakt, dass diese Pandemie *politisch gesteuert*[24] und die Gesundheit der Menschen außer Frage gestellt ist. Sie ist nicht wichtig. Denn ansonsten müsste das Augenmerk beispielsweise auf die Grippe gerichtet sein, die jahrzehntelang Tausende von Todesopfern forderte. Sie gibt es seltsamerweise nicht mehr, sehr merkwürdig. Ebenso die Krebs-, Aids-, Raucher-, Alkoholtoten und viele mehr. Desgleichen interessieren die vielen Hungertoten auf dieser Welt niemanden. Wo bleibt da der große Aufschrei? All diese Zahlen stehen nicht mehr zur Debatte, sie werden ausgeblendet. Aber ich hoffe, dass der weltweite Widerstand zur Wahrheit führen wird und es zu einem offenen Diskurs kommt.

Hoffnungsvoll

Luise Grande

Hintergründe

[1] https://sucharitbhakdi.de/Sucharit Bhakdi ist ein deutscher Facharzt für Mikrobiologie und Infektionsepidemiologie. Er war bis zu seinem Ruhestand Professor an der Johannes Gutenberg-Universität Mainz und von 1991 bis 2012 Leiter des dortigen Instituts für Medizinische Mikrobiologie und Hygiene. Autor der Bücher „Corona Fehlalarm" (Spiegel Bestseller 2020) und „Corona Unmasked" (Herausgegeben im April 2021)

[2] *https://www*.wodarg.*com*, Wolfgang Wodarg ist ein deutscher Mediziner und Politiker der SPD. Er war viele Jahre als Mitglied des Deutschen Bundestages und der Parlamentarischen Versammlung des Europarates für Fragen der Sicherheit, Medizin und Gesundheit zuständig. Er war der Initiator der Untersuchungen des Europarates zur Pandemie H1N1 2009/10 zur Rolle der Impfstoff-Hersteller und der WHO.

Beide Wissenschaftler Sucharit Bhakdi und Wolfgang Wodarg warnen inständig vor der Bildung von Blutgerinnseln. Zuletzt traten solche infolge des Impfstoffs von AstraZeneca auf. Ebenso steht seit Neuestem der Impfstoff von Johnson & Johnson unter gleichem Verdacht.

Wegen kritischer Meinungen bezüglich Covid 19 werden sie in den Öffentlich rechtlichen Medien bloß gestellt und diffamiert. Das Verwerflichste dieser Angelegenheit ist aber, dass beiden defacto nicht die Möglichkeit einer ordentlichen Berichterstattung eingeräumt wurde. Im Gegenteil, ihre Meinung wird tot geschwiegen und es werden stets und ständig dieselben Player vorgeführt. (Gesundheitsminister Jens Spahn, seines Zeichens Bankkaufmann, Prof. Lauterbach, allwöchentlich in Talkshows zu sehen und Prof. Drosten von der Charité, deren Namen hinlänglich bekannt sein dürften.

[3] Kary Banks Mullis (* 28. Dezember 1944 in Lenoir, North Carolina;

† 7. August 2019 in Newport Beach, Kalifornien) war ein US-amerikanischer Biochemiker. Er erhielt 1993 den Nobelpreis für Chemie gemeinsam mit Michael Smith für die Entwicklung der Polymerase-Kettenreaktion (PCR) im Jahr

1983. Die PCR entwickelte sich rasch zu einer der wichtigsten Methoden der modernen Molekularbiologie. Er vertrat unter anderem die These, dass die vergrößerten Tests, die die Menge von nichts messen. Es ist die gleiche Strategie, mit der Fauci (Anthony Stephen Fauci, US-amerikanischer Immunologe) viel Geld für viele Menschen verdient hat. Es ist nicht nur der PCR-Test, all diese Schnelltests, jeder von ihnen, sie sind alle NON-QUANTITATIVE Tests. Es gibt keinen nicht-quantitativen Test, es ist eine Lüge, ein offensichtlicher Betrug.

4 Nach dem Gesundheitsminister Jens Spahn benannt. Jedoch wären Ähnlichkeiten mit lebenden Personen rein zufällig.

5 Nazi Kurzwort für Anhänger des Nationalsozialismus

6 Nachrichtensendung in der damaligen DDR

7 Klaus Wowereit (* 1. Oktober 1953 in Berlin-Tempelhof) ist ein ehemaliger deutscher Politiker (SPD). Er war von 2001 bis 2014 Regierender Bürgermeister von Berlin und von 2009 bis 2013 einer der stellvertretenden Bundesvorsitzenden der SPD

8 Michael Müller (* 9. Dezember 1964 in West-Berlin) ist ein deutscher Politiker (SPD). Seit 2014 ist er Regierender Bürgermeister von Berlin.

9 Nur regierungskonforme Experten werden angehört, nur mit ihren Thesen scheinen sie „richtig" zu liegen. Dadurch, dass es zu keiner Diskussion unter Wissenschaftlern kommt, die eine gegenteilige Ansicht haben, führen diese ganzen Coronamaß-nahmen sowie hinlänglich bekannt gewordene Betrügereien in Sachen Corona in eine Sackgasse ungeheuren Ausmaßes, die sich zukünftig erst noch zeigen wird (bspw. Prof. Drosten, Jens Spahn, Karl Lauterbach usw.).

10 Berliner Dialekt für gar nichts

11 Russische Schreibweise und Übersetzung für Arbeit

12 Michael Hatzius hat mit seinem Puppenspiel und seinen Puppen, vor allem der Echse, der Möhre, den Schweinen usw. großen Erfolg und regt mit seinen satirischen Programmen zum Nachdenken an.

13 Coronapapier
https://www.welt.de/politik/deutschland/article225991449/Corona-Papier-Opposition-fordert-Aufklaerung.html

14 Gesundheitsminister Jens Spahn kaufte sich zu Zeiten von Corona eine Viermillionen-Villa, was zu Aufsehen und Unverständnis sorgte.

15   englisch Impfstoff

16   Anne Will interviewte Kanzlerin Merkel in ihrer Talkshow, in
     der sie widerspruchslos jeden Kommentar der Kanzlerin
     huldigte…
     Bundeskanzlerin Angela Merkel zu Gast bei ANNE WILL |
     ARD-Mediathek (ardmediathek.de)

17   Bundestag – Sitz der Opposition; Die Opposition hat die Aufgabe,
     den Regierungsparteien ständig Alternativen zu ihrem Kurs
     aufzuzeigen.
     Meinem Erachten nach hat die Opposition beim leidigen Thema
     Corona versagt.

18   Schwarzer Kanal, Propagandafernsehsendung in der
     damaligen DDR

19   Friedliche Revolution 1989 in der DDR, Umbruch, Wende

20   Berthold Brecht(auch Bert Brecht; * 10. Februar 1898 als
     Eugen Berthold Friedrich Brecht in Augsburg; † 14. August
     1956 in Berlin (Ost)) war ein einflussreicher deutscher
     Dramatiker, Librettist und Lyriker des 20. Jahrhunderts.
     (Quelle: Wikipedia)

21   Pandemie H1N1 2009/10 – Wikipedia
     (oder Schweinegrippe, Neue Grippe, Amerikagrippe, Mexikanische
     Grippe)

22   SARS-CoV – Wikipedia   SARS-CoV (englisch severe acute
     respiratory syndrome coronavirus, SARS-Coronavirus, früher
     auch SCV) bezeichnet den Verursacher des schweren akuten
     Atemwegssyndroms (SARS).

23   MERS-CoV – Wikipedia   MERS-CoV(englisch Middle East
     respiratory syndrome-related coronavirus) ist ein im Jahr 2012
     erstmals identifiziertes Virus aus der Familie der Coronaviren,
     das beim Menschen eine schwere Infektion der Atemwege,
     Lungenentzündung und Nierenversagen verursachen kann.

24   Diese Aussage vertrat Bundeskanzlerin Merkel in der
     Pressekonferenz v. 27.1.2021 und bestätigte wortwörtlich,
     dass die Entscheidungen bezüglich Corona politischer Natur
     ist…
     https://reitschuster.de/post/merkel-harter-corona-kurs-ist-
     politische-Entscheidung/